幸せになる
60の法則

逆転の引き寄せ

Amy Okudaira
奥平 亜美衣

中央公論新社

はじめに

本書をお手に取ってくださりありがとうございます。

本書では、どうすれば「引き寄せの法則」を自分のものにすることができるか、つまり、どうすれば、心地良い毎日、生きき生きとした幸せな毎日を引き寄せることができるのか、ということを誰にでもできる形で60項目ご紹介していきます。そもそも、「引き寄せの法則」とはなんでしょうか？

この言葉だけを聞くと、なんでも願いを叶えられる法則、人生を思い通りにできる法則だと思う人も多いかもしれませんね。

でも引き寄せの法則の本当の意味とは、「常に今の自分の本心と同じものを引き寄せている」ということ。つまり、本書のタイトルにある「幸せになる法則」とは、今自分が幸せであれば、幸せを引き寄せる、ということです。

人生を思い通りに変えられるということではなく、そもそも、人生は常に、あなたの「思い」の通りになっています。そして、「引き寄せの法則」が働いていない人はおらず、誰にでも平等に働いているのです。引き寄せができない、という人はいません。

「引き寄せの法則」を理解する上で大事なのが、とにかく、「今の自分」と同調する人や出来事を引き寄せるということ。

もし、仕事がつまらないと感じていたり、職場環境や人間関係に不平や不満ばかりでいつも愚痴を言っているような状態だと、この先どうなると思いますか？　その状態で、職場の人間関係が良くなりますように、給料が上がりますように、と願ったとして、それは叶うでしょうか？

もし、「今の自分」が、そのような状態だとすると、何を願ったとしても、ますますその仕事はあなたにとってつまらなかったり、不平や不満を感じるものになるでしょう。

毎日楽しくないな、幸せじゃないな、と感じていては幸せを引き寄せることはできないのです。


では、どうすれば幸せな毎日が引き寄せられるかというと、まずは、自分自身が幸せになること。

状況が変われば、あの人が変われば、願いが叶えば幸せになる、と考えるのではなく、先に、自分自身が変わるのです。そうすれば、現実は、それをちゃんと反映していきます。

現実が変われば幸せになる、という考え方から、今自分が幸せであれば、現実がそれを反映する、というふうに、これまでの思考回路を真逆に変えていく必要があります。

これが、「逆転の引き寄せ」です。

もうひとつ例をあげましょう。

もしあなたが、ものすごく綺麗好きだとして、いつも完璧に綺麗にしていなくてはいけない！　と思っていたら、どうなると思いますか？　そうすると、あなたの綺麗にしたいという思いが叶うように、周りの人が汚すという現実を引き寄せるでしょう。同じように、「節約しなくてはいけない！」と強く思っていると、パートナーや家族が浪費するかもしれません。そうでなければ、あなたの「節約したい」という思いが叶わないからです。

このように、常に「今のあなたの意思」が反映されるのです。

現実を変えなくてはいけない、変えなくては自分は心地良くなれない、変わったら幸せになれる、と思っている限り、自分が望んでいない現実を引き寄せ続けます。

はじめに

本書では、現実を楽しみ、幸せになる方法、現実を受け入れる方法をたくさん取り上げています。
現実を変えたいと思って本書を手に取ってくださった方も多いかもしれませんが、現実を変える前に、まず、あなたが変わる必要があります。
現実とは、あなたから映し出されている映像のようなものだと考えてください。だから、あなたが変わるより先に、その映像が変わることはありません。

本書の内容を実生活に取り入れることで、だんだんとあなた自身の思考回路や視点が変わっていきますので、ぜひ、毎日楽しみながら実践してみてください。

奥平　亜美衣

目次

第2章 人間関係の悩みを解き放つ

第3章

暮らしの衣食住を整える

第4章 お金の自由を手に入れる 107

第1章

まずはここから！
基本の11箇条

POINT

毎日の生活の中で簡単にできることから始めましょう

あなたが幸せな気分でいれば、幸せを引き寄せることができます。この章では、まずあなた自身が幸せになるために、毎日の生活の中で簡単にできることをお伝えしていきます。

どれも、今日からでも始められることなので、ぜひ、やってみてください。

他人を変えたり、環境を変えたりすることは大変なことですが、毎日の生活の中で、少しだけ工夫してみたり、自分の視点や考え方を変えるのは、自分さえやろうと思えばできることです。

そんなちょっとしたことで、幸せな毎日が手に入るとしたら、とってもお得だと思いませんか??

幸せな人と、そうでない人の決定的な違いは、意識の向け方

第1章

♥ ♥ ♥

まずはここから！　基本の11箇条

や思考回路にあります。

自分の人生は自分で創っていけると思うのか、思わないのか。また、何が起こったとしても、そこにどんな意味をつけるのか。そして、そこに幸せを見出すのか、見出さないのか。それは常に、あなただけにかかっています。

誰の手も借りずに、あなた次第で幸せを手にすることができるのです。

幸せになる、ということは、心の訓練であり、ちゃんと訓練すれば、幸せに意識を向けていくことができます。

この章の内容を実践して、幸せな人の意識や思考回路を、毎日の生活の中で身につけていきましょう。

1/60

最初の一歩はこれ！
幸せ体質になる方法

なんでもない毎日を祝ってみる

第1章

♥ ♥ ♥

まずはここから！　基本の11箇条

誰でも平等に時間は過ぎていき、明日がやってきます。その中には、すごくいいことがあった日も、ちょっといい日も、特別なことは何もなかったという日も、最悪だったという日もあるでしょう。

そこで、特別なことは何もなかった日や最悪だったという日であっても、夕食時にお気に入りの飲み物や食べ物を用意して、その日を祝ってみましょう。そして、その一日を大切な一日にしてみましょう。

何かいいことがあったから特別な日になるのではなく、あなたが特別だなと思ったから、その日は特別になるのです。

2/60

「引き寄せの法則」が実感できる
一番簡単な方法

朝起きたら今日は
どんな素晴らしいことがあるか
考えてみる

第1章

♥ ♥ ♥

まずはここから！　基本の11箇条

毎朝、起きたら何を考えますか？「まだ眠い」「二度寝したい」でしょうか？　朝はとても大事な時間です。朝起きた時に、どんなことを意識するかによって、その日一日が変わってきます。

今日を楽しい日にしたいのか、うれしい日にしたいのか、やる気がみなぎった日にしたいのか、穏やかな日にしたいのか、自分自身で決めましょう。そしてその日、何が起こったとしても、楽しむと決めたのなら楽しみましょう。すると、「自分が思った通りのことが起きている」と感じられるようになります。

「引き寄せている」という意味がだんだんとわかってくるでしょう。

3/60

幸せを引き寄せている人が
必ず持っているモノ

癒やしグッズを
ひとつ決めておく

第1章

♥ ♥ ♥

まずはここから！　基本の11箇条

あなたにとっての癒やしはなんですか？　観葉植物に癒やされる人もいれば、動物に癒やされる人、はたまた好きなおやつや、芸能人のポスターという人もいるかもしれませんね。

どんなものでもいいのですが、これさえあったら癒やされる、というものをひとつ決めておいて、ちょっとモヤモヤするなー、とかイライラするなー、という時に、それを見たり、手に取ったり、食べたりしてみましょう。

モヤモヤ、イライラについて意識を向け続けてしまうと、それを引き寄せ続けてしまいますので、それに意識を向けない習慣をつけるのです。そうして癒やされたら、また癒やされるようなことを引き寄せますよ。

4/60

幸せそうなあの人が
こっそりやっているコト

呼吸を意識してみる

ちょっと立ち止まって、数回、ゆっくり呼吸してみてください。そして、自分の内側へと意識を向けてみてください。体に入ったり出たりする空気を感じながら、今、自分が何を考えているのか、何を感じているのか、どういう心や体の状態なのか……。

瞑想する時間がないという人も、数十秒静かに呼吸に意識を向けることはできますよね。外側で起きていることではなく、自分の思考や感情の状態を把握し、精神の状態を知ることからすべては始まります。

そうした時間を意識して持ちましょう。

5/60

「自分に自信がない」
その根本的な原因と解決策

「無理かも」をやめてみる

第1章

♥♥♥

まずはここから！ 基本の11箇条

こんなことをしてみたい、こんなところに行ってみたい、こんなものが欲しい。生きていると、やりたいことや欲しいものにたくさん出会いますね。

あなたが本当にしたいことや欲しいものは必ず叶うし手に入るという、そういうシステムでこの世界は動いているのですが、多くの人は、私には無理だろう、私になんてできるわけはない、と思って、望むことをやめてしまいます。無理だと思って望むことをやめるから叶わないですし、「無理だろう」という思いがそのまま叶っているのです。

あなたのすることは、本当は何がしたいか、何が欲しいか、それを自分で決めていくことだけ。「無理かも」をやめていきましょう。

6/60

効率を求めすぎる人が
見落としているコト

1駅歩いてみる

もし電車で通勤しているのなら、1駅分だけ歩いてみるとか、駅までの道を遠回りしてみるとか、いつもよりたくさん歩いてみましょう。一歩一歩黙々と、ただ歩くということだけに没頭してみましょう。

歩くことは運動不足解消になって健康に良いのはもちろん、歩く途中で新鮮な空気を吸い込んだり、光や風を感じたり、木々がそよぐ音や鳥の声を聞いたり、道端の花を楽しんだりすれば、心にとってとてもいい影響がありますよ。

7/60

すぐできる！
手軽に元気をチャージするワザ

自然を意識してみる

第1章

♥♥♥

まずはここから！　基本の11箇条

いつも忙しくて、風の心地良さも、太陽の光のキラキラも、空の青さも、鳥のさえずりも、緑の輝きも意識する暇がないという人も多いかもしれません。

周囲に自然が豊富な人は、その心地良さや美しさを改めて感じてみてください。都会に住んでいる人も、自分が意識するだけで、道端の花や街路樹、風や空など、驚くほど自然があふれていることに気づけるでしょう。

少し意識するだけで、自然からエネルギーを受け取ることができます。誰にでも平等に与えられるエネルギーをぜひ活用してみてください。

8/60

願いが叶わなくても
幸せになれるワケ

今すぐ幸せになってみる

第1章

♥♥♥

まずはここから！　基本の11箇条

願いが叶ったら幸せになる。ほとんどの人はそう考えますよね。しかし、その考え方ですと、願いが叶っていない「今」は幸せじゃない、という波動を放つことになり、幸せでない状態を引き寄せ続けてしまいます。

幸せを引き寄せる最大の秘密は、今ここで幸せになってしまうこと。毎日の生活や人間関係など、今の自分の手の届く範囲、その中に良いところや、幸せを感じるところ、喜びを見つけて、幸せになるのは自分の役目です。誰かが幸せを運んできてくれるのではありません。

これまでと全く同じ生活の中に、これまでよりたくさんの幸せや喜びを感じていきましょう。

9/60

引き寄せている人の周囲も
幸せになる法則

誰かを褒めてみる

第1章

まずはここから！　基本の11箇条

今日これから、誰に会いますか？　人と会う予定があれば、その人のいいところを見つける、と決めてみてください。そして実際に会った時に褒めてみましょう。

今日も元気そうですね、服のセンスがいいですね、など、どんな小さなことでも構いません。「褒めるぞ」と決めてから人と会うと、ちゃんと褒めるところが見つかります。

そして、「人のいいところを見る」という習慣がつけば、他の人もあなたのいいところを見てくれるようになりますよ。

10/60

神秘のエネルギーで
心と体を満たす方法

月を見上げてみる

最後に夜道を立ち止まって、月を見上げてみたのはいつでしょうか？　地球から見える月は、満ちたり欠けたりしながらいつでも夜空に輝いていますが、意識しなければ、なかなかその美しさやエネルギーに気づけません。

どんな生命も、天体の影響を受けています。自然の中で生かされています。月の満ち欠けをちょっと意識して生活してみると、そのエネルギーに気づいたり、その美しさに感動するでしょう。

そして、生きていること、生かされていることへの感謝がこれまでより多く感じられるようになってくるでしょう。

11/60

「すべてうまくいく」は
アナタを無敵にする魔法の言葉

流れに任せてみる

第1章

♥♥♥

まずはここから！　基本の11箇条

あなたはいつも、あなたらしい方向、本当の自分が求めている方向、進化の方向へ導かれています。現実をコントロールしようとせず、ただ、流れに身を任せてみましょう。すでにあるものに感謝し、与えられた現実の中で、最大限に楽しみましょう。

現実と闘うのをやめ、現実を受け入れる、それは無敵状態です。無敵というのは、すべての敵に勝つことではなく、そもそも闘わないから敵がいないことなのです。

頭で考えると、そう思えないことがあるかもしれませんが、本当に、すべてはうまくいっているのです。

第2章

人間関係の悩みを解き放つ

POINT

周りの人は自分のことを教えてくれる存在です

生きていればいろんなことがありますが、人間関係の悩みがない人はいないかもしれませんね。

でも、こう考えてみてください。人間関係は、自分の心を映す鏡だと。

あなたがイライラしていたら、それは、「もっとイライラすることを頂戴！」という意思を放っていることになり、周りの人はますますあなたをイライラさせるでしょう。

あなたが、「正しくありたい」という思いを強く持っていたら、出会う人の中に、「間違っている（ように見えること）」を見つけるでしょう。

あなたが、いつも我慢ばかりしていたら、それは、「もっと我慢したい」という意思を放っているのと同じなので、周囲の人はさらにあなたを我慢させるように、奔放に振る舞うかもしれません。

このように、周りの人はあなたの心を映しているだけです。悪い（と思えるような）人やいやな人がもしあなたの周りにいるとしても、それを創り出しているのはあなたなのです。

こう考えると、人間関係で悩むことはとても意味のないことだと思いませんか？　そして、自分以外の誰かを変えようとすることも、そもそもできないことなのです。

あなたが出会う人たちは、あなたの心を教えてくれます。そのことは、あなたが自分の内面に静かに向き合えば、わかります。

周りの人が、自分のことを教えてくれる存在だということがわかれば、人間関係に振り回されることはなくなるでしょう。

12/60

一緒にいて疲れる人から
自分を守るために取るべき行動

疲れる人間関係を
やめてみる

第2章

人間関係の悩みを解き放つ

職場で関わる人や親戚や友人関係、みんなと仲良くしなければいけないと思っていませんか？　でも、本当にいろんな人がいるので、みんなと仲良くしようとすると疲れてしまいますよね。

人間関係は、あなたの心を映す鏡であって、それ以上でもそれ以下でもありません。関わっても疲れるだけの人がいるのなら、「自分をいたわってないですよ」「自分らしくいられてないですよ」のサイン。

だから人に合わせるのではなく、自分の心に従って、自分で人間関係を選んでいきましょう。

13/60

嫌いな人や苦手な人
いやになるメカニズムとは?

嫌いな人について考えてみる

第2章

♥♥♥

人間関係の悩みを解き放つ

誰にでも、嫌いな人や苦手な人はいると思います。しかし、その人が、いやだったり変だったりするから嫌いなのではなく、あなたが「嫌い」だと思うから嫌いな人なのだということに気づいている人は、どのくらいいるでしょう?

あなたにとって嫌いな人でも、別の誰かはその人のことが好きかもしれない、ということを考えてみれば、わかりますね。

嫌いな人は、あなたに大事な何かを教えてくれている人だというふうに考えてみましょう。あなたの中にある何か、我慢している何かを見せてくれているのです。そのように視点を変えてみれば、嫌いな人との関係も変わってきますよ。

14/60

本当はやりたくないのに……
自分より相手を優先してしまう人の特徴

「やらなければいけない」をやめてみる

第2章

♥♥♥

人間関係の悩みを解き放つ

これまで人付き合いや仕事をする中で、自分の意思に反してやらなくてはいけなかった、というようなことがあったかもしれません。でもそれも実は全部、自分の選択です。自分の気持ちより、体裁や仕事やお金や人間関係を優先してきたのです。

その「自分の選択」を変えていきましょう。やりたくないことは選択しないようにしましょう。ただし、やりたくないことをやらない、というのは、無責任になることではなくて、「自分らしくないもの」をやめてみるということです。

あなたが「自分らしさ」を選択すると、自然とやらなければいけないこと、やりたくないことは周囲から減っていきます。

15/60

一緒にいる時間が長いから、ケンカも増える?
最良の解決策とは

近くにいる人の
いいところを考えてみる

第2章

♥ ♥ ♥

人間関係の悩みを解き放つ

あなたが毎日のように顔を合わせる人は誰ですか？　家族、パートナー、職場の人などでしょうか？　いつも会っている、いつでも会えるからこそ、こうした距離の近い人たちについて改まって考えることは少ないかもしれませんが、今日は特別に、あなたの周りにいる人たちのいいところを考えていきましょう。

もしかすると、あなたにとって苦手な人もいるかもしれませんが、いいところがひとつもない人はいないので、あえて、いいところを見つけてみましょう。

あなたが誰かのいいところを考え、そこへ意識を向け始めると、他の誰かもあなたのいいところを見てくれるようになりますよ。

16/60

「出会いがない」とぼやく人が
絶対にやらないこと

今月出会った人について
考えてみる

第2章

♥ ♥ ♥

人間関係の悩みを解き放つ

「出会いがない」なんて嘆いている人はいませんか？　そんな人は、今月、どんな人に出会ったか考えてみましょう。仕事でもプライベートでも、新しく出会った人でも、すでに知っている人でも構いません。改めて考えてみると、これまでにたくさんの人に出会ったのではないかと思います。

自分の現実を引き寄せているのは自分です。あなた自身が、「たくさんの人に出会ったなあ」ということに意識を向けていれば、出会いをどんどん引き寄せていくことになります。「出会いがない」ではなくて、「出会っている」、そんなふうに、自分の思考を選択していきましょう。

17/60

ひとりぼっちはダメ？
さみしさを乗り越えた人だけが知る世界

誰かと行動するのをやめてみる

第2章

♥♥♥

人間関係の悩みを解き放つ

平日のランチも、仕事が終わった後も、休みの日も、同僚や恋人や友人と一緒という人も多いかもしれません。気の合う仲間や好きな人と過ごす時間はもちろん楽しいですし、大事なものですが、あえて一人で行動する時間を増やしてみましょう。

どこへ行くか、何をするか、何を食べるかなど、全部、自分とだけ相談して決めるのです。いつもは誰かに合わせたり、気を使ったりしていた自分に気づくかもしれません。

望みを叶える第一歩は、本当の自分の望みを知ることです。そのためにも、自分と相談する、自分で決める、ということを始めてみましょう。

18/60

「いいね！疲れ」はなぜ起きる？
ラクになるための処方箋

ＳＮＳをやめてみる

第2章

人間関係の悩みを解き放つ

いつもなんとなくインスタグラムやフェイスブック、ツイッターなどのSNSを開いて、なんとなく眺めて、気がついたら結構な時間がたってしまっていたり、人のことばっかり気になって焦ってしまったり……ということはありませんか？

「SNSがよくない」というわけでは全くありませんし、楽しんでやっている場合はいいのですが、もし、あなたの時間やエネルギーを奪っていると感じるならば、少しの間、見るのも、投稿するのも、お休みしてみるのはどうでしょうか？

そうしたら、これまでインスタ映えを狙って、誰かに見せるためにやっていたようなこと、つまり本当にやりたいわけではないのにやっていた、ということに気づけるかもしれませんし、人と比べて落ち込むというようなこともなくなりますよ。

19/60

アナログなやり方を大切にする人だけが知っていること

手紙を書いてみる

誰かに連絡を取りたい時は、メールやＳＮＳで済んでしまう時代。だからこそ、あえて便箋と封筒を買ってきて、手紙を書いてみましょう。誰に宛てたものでも構いませんし、書いた後、実際に郵便ポストに出さなくても構いません。

ただ、何かを伝えたい気持ちや表現したい気持ちを、いつもより丁寧に時間をかけて確認して、実際に手で書いてみる。そうすることは、より自分の内面に意識を向け、自分の今の気持ちや状態を知っていくことにつながります。

20/60

合理的、論理的な人ほど
本当にやりたいことができなくなる

直感を大事にする

第2章

人間関係の悩みを解き放つ

何かを選んだり決めたりしなければいけない時、様々な面から考えて、合理的な方や得だと思う方、また自分ではなくて誰かが良いと言う方を選んでしまうことが多いかもしれません。

でも、論理的に考えて決めるより、「なんとなくこれがいいな」「普通に考えたらこっちだけど、自分は絶対こっちがいい」というような、自分の内側の声にちょっと注意してみてください。何かを決めるのに、理由は要りません。ただそんな気がするというだけで十分です。

直感は自分でも気づいていない「本当の自分」からのお知らせです。直感を信じ、そちらを選ぶということを積み重ねていくと、本当にやりたいことがわかるようになっていきますよ。

第3章

暮らしの衣食住を整える

POINT

心地良い生活は
最高の贅沢です

何か特別なことが起こったら、人生が変わるかも、人生が楽しくなるかも、と思うかもしれません。

でも、一番大事なことは、あなたの日常生活の中にあります。

毎日、服を着たり、食べ物を食べたり、掃除をしたり、歩いたり、料理をしたり、お茶を飲んだり、お風呂に入ったり、眠ったり、ということを誰でもすると思いますが、そのような当たり前のことの中に、あなたの人生を変える鍵が隠されています。

近すぎて見えなくなってしまっている人も多いのですが、大事なことは全部、日常生活の中にあるのです。

ですので、毎日、チャンスが目の前に転がっているということです。

第3章

♥ ♥ ♥

暮らしの衣食住を整える

日々の暮らしを、丁寧に心地良くし、心と身体に良いことを取り入れていくこと。それは、あなたがあなたにしてあげることのできる最高の優しさであり、贅沢です。

そして、あなたが、あなた自身を丁寧に扱っていれば、周りの人も同じようにあなたに対して丁寧に接してくれるようになっていきます。


あなたの意識が変われば、これまでと全く同じ生活が、まるで違って見えるようになってきます。なんてことのない平凡な毎日が、どんどん輝いてきます。

そして、自分の意識が現実を創造している、ということが自分でもよくわかるようになります。

21/60

いつでも
お気に入りの洋服を着る理由

人の目を気にするのを
やめてみる

第3章

♥♥♥

暮らしの衣食住を整える

朝、服を選ぶ時、どんな気持ちで選びますか？　いつも、人の目を気にして、人に変に思われないように服を選んでいませんか？　いつもは、無難なものを選んでいるかもしれません。でも、今日からは今一番着たい服を選んでみましょう。

もちろん、ＴＰＯは大事ですが、その日の行き先や行動に合ったものの中で、最大限、自分らしくいられる服、自分が好きな服を着ます。好きな服を着るということは、何も悪いことではありませんし、誰に迷惑をかけるものでもありません。

でも、「今日の服装だと浮いてしまうかな」などと、あなた自身が引け目や罪悪感を持っていると、その罪悪感を感じるようなよくないことを引き寄せてしまいます。周りで起こることは、あなたの心の鏡です。私は私、というふうに自信を持って割り切ってしまえば、あなたが心地良くいられる人や出来事をどんどん引き寄せていきます。

22/60

食べたいものが思いつかない時に
やるべきこと

「3食食べる」を
やめてみる

第3章

♥♥♥

暮らしの衣食住を整える

朝起きたら朝ご飯を食べ、昼休みが来たら自動的にランチに行き、仕事が終わったら夜ご飯を食べる。何の疑問もなく毎日3食を食べているという人が多いかもしれません。

もちろん、身体が欲するならちゃんと食べることは大事ですが、お腹がすいていないのなら食べない、という選択をしてみましょう。「本当に欲しいものを知る」、という訓練になります。

人間の身体はとてもよくできていて、その時必要なものを、身体が欲するようになっています。その身体の声を聞けるようになると、健康でいられるのです。

23/60

味わって食べる人とそうでない人の違い

調味料を変えてみる

第3章

♥♥♥

暮らしの衣食住を整える

忙しい毎日、ご飯を食べる時間がもったいなくて、味わう暇もなくかきこむだけ、という人も多いかもしれません。しかし、「おいしい」という感覚を味わうことも、本当に望んでいる人生を引き寄せていくのにつながる大事なこと。ですので、その感覚に敏感になっていきましょう。

何が好きかは、人それぞれ好みがあると思いますが、料理に使う「調味料」にこだわって選んでみると、どんな料理もおいしくなります。

昔ながらの製造方法で丁寧に作られたもの、添加物を使用していないものなどを選んでみましょう。それだけで、食生活がグレードアップします。そうすると、いいことを引き寄せやすくなっていきます。

24/60

「体に優しい」は心にも
健康な体が引き寄せてくれること

発酵食品を食べてみる

第3章

♥♥♥

暮らしの衣食住を整える

食生活が多様化してきて、お米や日本食を食べる機会が減ったという人も多いかもしれません。しかしここで、日本食の素晴らしさを見直してみましょう。特に、納豆やみそなど、昔からある発酵食品を積極的に取り入れていくことで、体は徐々に本来の状態を取り戻し、免疫力もアップすると言われています。

体を大事にしていい状態を保つと、自然と心もいい状態になり、そして、いい引き寄せが起きてきます。心と体はつながっています。食べ物に気をつけて、体が喜ぶものを取り入れていくようにしましょう。

25/60

手料理をランクアップ!
覚えておきたい方程式

旬の食べ物を意識する

第3章

♥♥♥

暮らしの衣食住を整える

自宅で料理をして食べる機会が多くなった人もいるかもしれません。良い材料を買い、良い調味料を使って自分で作ってみたら、びっくりするほど安くておいしくできた、と感動している人も多いでしょう。

そこからさらに進んで、旬の食べ物を意識してみましょう。今は栽培の技術が進み、スーパーでは一年中同じような野菜が売られていたりもしますが、本来、野菜には旬があります。旬のものを使うと、味もエネルギーも最高のものを取り入れることができます。

26/60

運動不足で体が重いと感じた時に
まずやりたいこと

プチ断食をしてみる

断食というと、なんだか修行のようなものを思い浮かべて自分には関係のないものと思う人も多いかもしれません。しかし断食は、胃腸を休め、体内に溜まっていた不要なものを排出し、デトックスすることができる、とてもいい習慣です。

もちろん、何日も食べないということは難しいですし、それぞれの健康状態によってできる人もできない人もいると思います。そこで、半日だけ何も食べない「プチ断食」にチャレンジしてみましょう。体が軽くなるのを感じることができますよ。

空腹を感じる時間を作ることで、改めて食べ物のおいしさやありがたさを感じることができます。

27/60

外食でも自炊でも
食事の前に考えたいこと

一食一食、丁寧に食べる

第3章

♥♥♥

暮らしの衣食住を整える

いつも食事をする時、どんなふうに、何を考えながら食べていますか？　スマホを見ながらパパッと済ませてしまうということも多いかもしれませんね。

自宅での食事、外食のどちらでも構いませんが、目の前の料理について、この食材は誰が育ててくれたのだろう、誰が運んでくれたのだろう、誰が調理してくれたのだろう、ここに来るまでどれほどの時間と人の手がかかっているのだろうと、意識を広げてみてください。そうするだけで、今まで感じることのなかった豊かさや感謝を感じることができます。

いつもの食事の時間にこうするだけで、心地良さと豊かさを創造することができますよ。

28/60

たった一杯の飲み物がもたらす
引き寄せ効果

ゆったりとした気持ちで
コーヒーやお茶を入れる

第3章

♥♥♥

暮らしの衣食住を整える

家でも職場でも構いませんが、ゆったりとした気持ちで、コーヒーやお茶を入れてみましょう。ちょっとこだわって、お気に入りの豆や茶葉を用意し、丁寧に入れてみます。そして、ゆったりとした気持ちで座り、じっくり味わってみてください。

そんなちょっとした贅沢な時間が、あなたに豊かさをもたらしてくれます。

おいしいなという感覚で心が喜んでいる状態をしっかりと認識してみてください。小さな積み重ねで現実の中にも喜びが増えていきます。

29/60

食べ物にこだわると幸せが引き寄せられるワケ

手作りしてみる

ケーキやパン、ドレッシングやヨーグルト、納豆や豆腐、みそなど、毎日の食事の中で購入しているもので、自分でもできそうなものを手作りしてみましょう。

そうすることで、普段食べているものがどんな材料で、どれほどの手間をかけてどのように作られているのか、ということに意識が向きます。何も考えずに食べていた時と比べると、意識する範囲が広がり、今まで気づいていなかったことに気づいたり、感謝できるようになったりします。

ずっとそれを続けなくてはいけない、という意味ではなく、一度でもいいので体験してみましょう。

30/60

美容と健康の基本をおさらい
あえて意識して取りたいもの

水をたくさん飲んでみる

第3章

暮らしの衣食住を整える

普段、「水を飲む」ということをあまり意識していない人も多いかもしれません。水を多めに飲むと、体温が上がり代謝もアップすると言われています。そして女性なら2、3週間もしたら、髪や肌の状態が良くなっているのに気づく人もいるでしょう。

水分は健康と美容の基本。いろんな健康法や美容法がありますが、「十分に水分を取っている」という状態のうえで取り入れるのと、そうでないのとでは、効果も違ってきますよ。

そして、美しく健康な体を保つことは、心の健康とも密接に関係しています。

31/60

「片付けられない」が
引き寄せてしまうモノ

机の上をきれいにしてみる

気がつけばデスクの上がいつも散らかっている、という状態を誰もが経験したことがあるはず。きれいにするのは面倒かもしれません。でも、片付いた机の上を見て、「気持ちいいな」と感じることで、いいことを引き寄せると聞けば、「ちょっと片付けてみようかな」という気になりませんか？　いつも、「自分の感じていることと同じことを引き寄せる」というのを忘れないでいてください。

また、散らかってしまうのは、自分にとって本当に必要なものがわからず、物が多すぎるからということもあります。この際、しばらく使っていない物、不必要な物がないか調べてみましょう。

32/60

家で過ごす時間が長い時こそ、
ゆっくり見たいもの

昔のアルバムを見てみる

第3章

♥♥♥

暮らしの衣食住を整える

あなたが幼稚園や小学校に行っていた頃のアルバムはありますか？　もしあれば引っ張り出して、ゆっくり見てみましょう。そして、どんな子どもだったのか、じっくり思い出してみます。

その頃のあなたは何が好きだった？　どんなことに熱中していた？　どんなことで褒められた？　社会的なことを考え始める前、子どもの頃のあなたがやっていたことには、あなたの本質が表れていることが多いのです。

あなたが本当にやりたいことは、子ども時代のあなた自身が知っていますよ。

33/60

だらけた生活にさよなら!
規則正しい生活が引き寄せるもの

早起きしてみる

第3章

暮らしの衣食住を整える

自宅で過ごす時間が長くなった人の中には、生活リズムが乱れがちな人も多いかもしれません。そこで、時間を決めて早起きするようにしてみましょう。

「早起きは三文の徳」と言われています。早起きは、その日、一日すべてに影響を及ぼします。また、続けることで毎日の生活も整いやすくなります。生活を整えることは心を整えることにつながっていき、心が整ってくると、引き寄せる現実も安定していきます。そして、現実が安定してくると、また心が整いやすくなる、という良い循環が生まれてきます。

34/60

おうち時間を有効活用！
じっくりお片付けで見えてくるもの

要らないものを徹底的に捨ててみる

第3章

暮らしの衣食住を整える

生活の大半の時間を過ごす家。自分の基本となる生活スペースを整理してみましょう。

心地良く暮らしていると、心地良い毎日を引き寄せます。逆に、家の中がものでいっぱいになってしまうのは、心の中がぐちゃぐちゃになってしまっていたり、自分にとって本当に必要なものがわからなくなったりしているサイン。

せっかく家にいる時間が長くなったのだから、自分自身を振り返り、ゆっくり必要なものとそうでないものは何かを考え、不必要なものを徹底的に片付けたり捨てたりしてみましょう。心の整理にもなり、一石二鳥です。

35/60

1日15分で驚くほど頭がスッキリ！
ゴールデンタイムの作り方

瞑想をしてみる

瞑想をしてみましょう。難しく考えず、ただ、15分ほど目を閉じて、じっと座り、何もしない時間を持つことだけを考えてみてください。

普段、自分が背負っている役割を捨て、外側のことに気を取られていない状態というのは、本来の自分にとてもつながりやすくなります。今ここで感じているものそれだけが本当のことなのです。また、瞑想を習慣にすると、起こったことに感情を振り回されることなく、冷静に、客観的に、思考を選択することができるようになっていきます。

自分の思考を選択し、自分をコントロールできるようになること、これが良い現実を引き寄せていく第一歩となります。

履物をそろえてみる

第3章

♥♥♥

暮らしの衣食住を整える

改めて、日々の暮らしを丁寧に生きる、ということを考えてみましょう。例えば、履物をそろえる、というような日常にある小さなことを意識して丁寧にやってみてください。

そしてその時、自分がどんな気持ちでその靴を買ったか、その靴を履いてどんなところへ行ったのか、思いをはせてみましょう。その靴は、たくさんのすてきな時間をあなたと共に過ごしたはずです。

ただ無意識に生きているより、このように考えると意識が拡大して、今まで見えていなかった喜びや豊かさが見えるようになっていきます。

37/60

目につくところを片付けると心が整う不思議な法則

冷蔵庫の中を掃除してみる

第3章

暮らしの衣食住を整える

日々気をつけていないと、冷蔵庫の中がごちゃごちゃしてしまうことがあるかもしれません。そんな場合、ちょっと時間を取って、冷蔵庫をきれいにしてみましょう。ネットで検索して、プロのアイデアやコツを探してみるのも楽しいことです。

目に見えるものは、あなたの心の中のこと。冷蔵庫の中が乱れていたら、心も乱れがちということ。そんな時は、自分に優しくして、少し休みましょう。そうしたら、またきれいにしようという気持ちもわき上がってくるはず。

「やらなければいけない」という義務感でやるのではなく、きれいな方が、食材を効率的に使えるし、整理用の便利グッズなどを選ぶのも楽しい、というふうに楽しみながらやりましょう。

38/60

誰にでもできる！
自然と元気になれちゃう趣味

植物を育ててみる

お花でもハーブでも野菜でもなんでもいいので、種をまいてみましょう。最初は、ちゃんと芽が出るのかな、と心配するかもしれませんが、植物の生命力というのは相当なもので、数日もすると芽が出て、ぐんぐんと育ち始めます。その様子を見ていると、生命力をダイレクトに感じて、エネルギーをもらうことができます。そして、そのエネルギーは、毎日を生きる活力に反映されていくでしょう。

花が咲いたり、野菜を収穫したりした時の感動は素晴らしいもの。生命のエネルギーや私たちが生かされているという感謝を感じることができるので、とてもおすすめです。

39/60

お気に入りの本が教えてくれる「本当の自分」

本棚を整理してみる

本好きの人なら、本棚に本が増え続けてしまっている人も多いかもしれません。一度ゆっくり時間を取って、本棚を整理してみましょう。これまで読んだ本を振り返りながら、自分がどんなことに興味を持っていたのか、どんな感想を持ったのか、その本からどんな影響を受けたのか……。

このようにゆっくり考えていくと、自分をよく知ることにつながり、成長した自分を感じることができます。また、今の自分に必要ないと思う本は思い切って処分していきましょう。

40/60

幸せな人が「入眠儀式」にこだわる理由

睡眠の環境を整える

第3章

暮らしの衣食住を整える

睡眠の時間、そして質はとても大切なものです。まずはゆっくりお風呂に入って一日の汚れを落とし、自分にとって心地良いパジャマ、そして寝具を整えてみましょう。

そして寝る態勢に入ったなら、今日あったいいことを思い返してみます。どんな小さなことでも構いません。目立ったいいことはなくても、出会った人と楽しい会話をしたとか、食べたものがおいしかったとか、ちょっとしたいいことは毎日必ずあるはず。

あなたがいいことに意識を向けていけば、それが現実の中でどんどん増えていきますよ。

41/60

本当に必要だった？
便利な生活が見えなくしたコト

不便を楽しむ

第3章

♥♥♥

暮らしの衣食住を整える

現代社会は、インターネットで注文した商品が次の日には自宅に届き、ちょっと外に出たらお店がたくさんあり、とても便利です。しかし、2020年は、新型コロナウイルスの影響で、思うように外出できないし、閉まっているお店も多いし、宅配便が届くのもいつもより時間がかかるし、不便な経験をしたという人も多いかもしれません。

でも、その不便を嘆くのではなく、不便の方に自分を合わせてみましょう。今までが過度に便利すぎただけで、本当にそれらがすべて必要だったかと言われるとそうではない、ということに気づいたり、不便だからこそ生まれる楽しみもあったりするはずです。外出できないからこそ、家でできる楽しみが増えたという人も多いでしょう。

今、ありのままの状況の中で、最大限楽しんでいこうとすると、自分にとっての幸せを引き寄せていくことができます。

第4章

お金の自由を手に入れる

POINT

資産や収入と豊かさは無関係です

お金の悩みが尽きないという人も多いかもしれません。
でもこれも、意識の向け方で解決します。

「収入がもっとあれば、もっと豊かになれるのに」。誰もがそう考えると思いますが、この思考を逆転しなければいけません。現実が変わったら豊かになるのではなく、まず、豊かになれば、それを現実が反映するのです。

本章では、豊かな人の考え方やお金の使い方をご紹介していきますので、ぜひ、参考にしてみてください。

お金の自由が欲しい、という人は多いですが、お金の自由とはなんでしょうか？　多くの人は、収入がたくさんあれば、自由になれると思っていますが、本当にそうでしょうか？　宝くじが当たって、人生が悪い方向へいってしまった人の話を聞いたことがある人は多いかもしれませんが、資産や収入と幸せや豊かさは無関係なのです。

お金の自由とは、例えばもっと稼げる他の仕事があったとしても今の仕事をすること（その仕事が自分の使命であり、やりたいことだと感じているから）。また、今以上に収入があっても、今と同じような生活をするということ（お金のあるなしで生活を制限していない状態）。そして毎日の暮らしに豊かさを感じていること。

これがお金に左右されていない状態であり、お金に対して自由になっている状態です。

あなた自身が豊かになっていけば、だんだんとこの状態に近づいていくことができます。

42/60

幸せを引き寄せる買い物

あえて買わない選択をしてみる

例えば数日間だけでも、あえて買わない、という選択をしてみましょう。

そして、その選択をして少し時間がたった後、「やっぱり欲しいな」「必要だな」と思う物を購入するのです。その間に忘れてしまう物は、あなたにとって必要のなかった物。

自分が本当に必要な物、欲しい物を買うことは豊かさを引き寄せることにつながります。しかし、そうでない物にエネルギーを使うと、その分、消耗するだけなのです。

43/60

余計なものを買いたくなる
誘惑に負けない術

コンビニに行くのを
やめてみる

第4章

♥♥♥

お金の自由を手に入れる

特に用事もないのにコンビニにふらっと入って、買い物をしてしまうことはありませんか？　いつでも開いているし、お店の中には誘惑がたくさんあります。そして、ついつい余計なものを買ってしまったり、間食してしまったりするのはよくあること。

しかし、必要でないものを買ったり、身体に取り込んだりしていると、本当に欲しいものや、大事なことがわからなくなってきます。

そこでしばらくの間、コンビニに行かないと決めてみてはどうでしょうか？　自分に必要なものに気づけたり、無駄な間食が減ったり、心と身体に良い影響が感じられますよ。

44/60

お金があったら何に使う？
空想お金持ちのススメ

頭の中でお金を使ってみる

第4章

お金の自由を手に入れる

空想の世界になってしまいますが、もし大金が入ったら何に使いますか？　貯金や節約などは考えず、本当に欲しいものに使って、満足感を得ているところを想像してみましょう。そして、もし自由になるお金が毎日入ってくるとしたら？　行きたかったところに行ったり、したかった経験をしたり、本当に欲しかったものに使ったりする場面を思い描いてみます。

お金がないから欲しい、ですとお金のない現実を引き寄せますが、欲しいもの、やりたいことに意識が向いていれば、それを引き寄せます。そうして、頭の中で楽しさや喜び、豊かさをどんどん感じていけば、あなたの現実の世界にも、その楽しさ、喜び、豊かさが表れてくるでしょう。

45/60

買い物しすぎでお金がないアナタを救う思考法

買い物した後に考えてみる

買い物をすると、「お金が減った」と思う人も多いかもしれません。でも、そのお金は減ったのではなくて、お店や別の誰かの手に渡っただけ。そのお金で別の誰かが必要なものを買ったり、欲しいものを買ったりして、その人の満足や楽しみになっています。そしてさらに、別の誰かにつながっています。満足感や楽しみや喜びは、どんどん循環しているのです。

お金を使った時にそんなふうに考えてみると、とっても豊かな気持ちになりませんか？　その豊かな気持ちが、あなたに豊かさを引き寄せてくれるのです。

46/60

お金に振り回されてしまう人が見ていないモノ

クレジットカードの明細書を見てみる

毎月のクレジットカードの明細書。見るのが恐怖だという人も多いかもしれません。でも今回は、その怖い気持ちをグッと抑えて、それらをじっくり眺めてみましょう。そして、先月手に入れたものや経験したことを思い出してみます。

使いすぎてしまった、予想外の出費が多くていやだなと思うかもしれませんが、それ以外にもたくさんのモノや経験を手に入れているということにも注目してみましょう。

クレジットカードの明細書に恐怖を感じるか、豊かさを感じるかで、引き寄せるものは変わってきます。

47/60

今日からアナタも！
自分を甘やかすという新習慣

プチ贅沢をしてみる

服でも食べ物でも雑貨でもどんなものでも構いませんので、ちょっと自分には贅沢かなあ、と思っていたものをひとつ買ってみましょう。レストランやホテルに行くというのもいいですね。

無理しない範囲で、「今より少しだけ」で大丈夫です。無理して背伸びしてしまうと、それがストレスになることもありますので、ほんのちょっとした贅沢をして、なんだかほっこりする、そんな買い物や経験をしてみましょう。

あなたの感じたその豊かさが、また豊かさを連れてきてくれますよ。

第5章

♥♥♥

逆転のチャンスをつかみとる

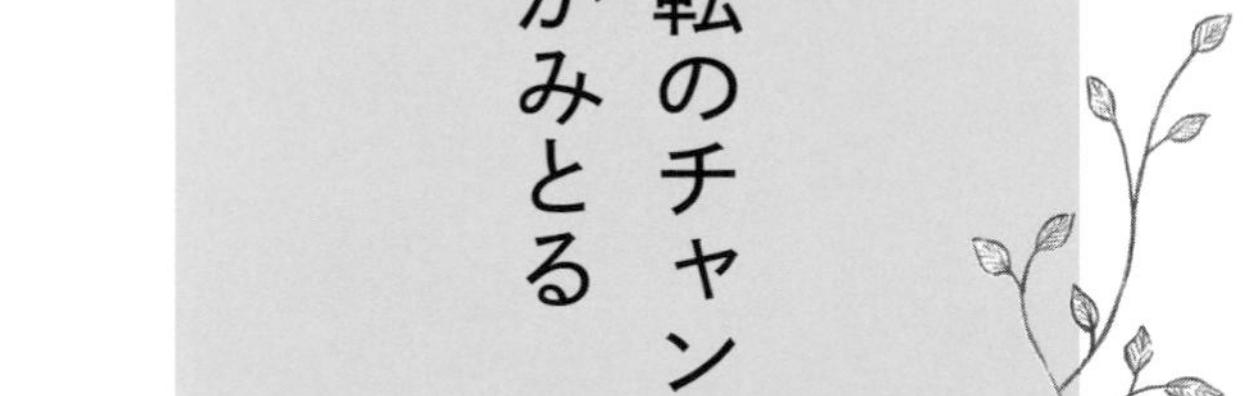

POINT

問題が起こる時こそ、逆転の発想が大事です

人生では、思い通りにいかないことにも出会うかもしれません。でも、本当は、あなたのうまくいかないな、という思いの通り、その意識の通りに展開しているだけなのですが……。

できるだけ問題は起こらないでほしい、そう思うのが普通かもしれません。でも、問題が起こる時こそ、そこに、自分をもっとよく知るチャンスが隠れています。

こんな時こそ、逆転の発想が大事です。

例えば、仕事がうまくいかなくて悩むのなら、「本当に私はこの仕事がやりたいのだろうか？」と考えるチャンス。

人間関係がうまくいかないのなら、この人は私に何を教えようとしてくれているのだろう、と考えてみるチャンス。

もし、身体の調子が悪いなら、無理をしていなかったかな？少し休んだ方がいいよというサインかも、と考えてみるチャン

スなのです。

こうして考えてみると、起こる出来事に悪いことなんてひとつもありません。

実際、どんなことも、あなたがあなたらしくいられる方向、あなたが幸せでいられる方向へと導くために起こっているのです。

そのように考えることができるようになったら、あなたはひとつ成長の階段を上がったことになります。

日々の幸せや豊かさを自分で見つけながら、自分らしく自分の道を進めば、だんだんと問題やうまくいかないことは少なくなっていき、仕事もプライベートも充実した生き生きとした毎日を手に入れることができるでしょう。

48/60

「やりたいことが見つからない」に陥ってしまう本当の理由

「幸せそうに見える」をやめてみる

第5章

♥ ♥ ♥

逆転のチャンスをつかみとる

「引き寄せの法則」の考えでは、本当にやりたいことは実現できるし、本当に欲しいものは必ず手に入るのですが、多くの人は、本当にやりたいことも欲しいものも知りません。他人や世間の言う、これがいい生き方、これが幸せな生き方、そういうことに必要以上に影響を受け、「幸せそうに見えるもの」イコール自分の望みだと勘違いしてしまっているのです。

誰がなんと言おうと、あなたの心が求めるもの。仕事であっても、行きたい場所であっても、食べるものであっても、服であっても、「あなたが心からやりたいことや欲しいもの」。それを自分に問いかけて、選択していきましょう。

49/60

どうして？
厳しい現実を引き寄せてしまうワケ

「ラクしたい」を
やめてみる

第5章

♥♥♥

逆転のチャンスをつかみとる

「引き寄せ」というと、いまだにラクして大金持ち、と考える人も多いようです。でも、ラクしたい、と思う限り、あなたの願いは叶いません。ラクしたい、というのは、「今の人生から逃げたい」ということであり、「逃げたい」と思っているということは、逃げたくなるような厳しい現実を引き寄せ続けてしまうからです。

あなたの本当の望みは叶いますし、それが実現していく過程で、楽しくて幸せな人生をおくることはできますが、人生から逃げることはできません。逃げるために生まれてきたわけではないからです。

50/60

いやなことがあった時
成長できる人が考えていること

愚痴をやめてみる

仕事や人間関係でいやなことがあったら、彼や友達に愚痴を言って
それを晴らす、というパターンになってしまっている人もいるかもし
れません。

もし何かいやなことがあったら、誰かに愚痴をこぼす前に、「どう
してこんなことが起きたのだろう？」「私がそこから気づかなくては
いけないこと、学ばなくてはいけないことは何だろう？」と考えてみ
てください。そう考え始めたら、もはや愚痴を言う気分ではなくなっ
ているかもしれません。

いやな出来事も、自分を知るチャンス、自分を成長させてくれるチ
ャンスと捉えていきましょう。

51/60

先行きが不安で仕方がない人へ
今こそ大切にしたい習慣

ゆっくりお風呂に
つかってみる

第5章

♥ ♥ ♥

逆転のチャンスをつかみとる

このご時世、なかなか先行きが見えず、不安や考えることで頭がいっぱいという人も多いかもしれません。でも、考えてもわからないことはわからないのです。

そう割り切って、今日はゆっくりお風呂につかりましょう。お気に入りの入浴剤を使うのもいいですね。そして、お湯の中にいる心地良さを感じてみてください。ただただ、心と身体が解放される感覚に浸り、何も考えずにそのまま身を任せてみましょう。

考えても解決しないことを考えるくらいなら、今、心地良さを感じれば、その分だけあなたはすでにいいことを引き寄せたことになります。

52/60

暗いニュースばかりで気が重い時、
心に潤いをもたらす方法

芸術に触れてみる

最近、芸術に触れたのはいつですか？　絵なんて理解できないから、と敬遠している人がいるかもしれませんね。でも、理解する必要なんてないのです。

あなたが、ただ感じたこと、それが唯一の答え。作品を見て、自分がどう感じるかを丁寧に確かめていく。それだけでいいのです。それが自分を知ることにもつながります。そして、あなたの心に栄養をもたらし、心が元気になってくれれば、引き寄せるものも変わってきます。

今は、美術館へ足を運ぶことは難しい人でも、ウェブサイトで作品を見られるオンライン美術館があります。画集を買ってみるのもいいでしょう。

53/60

心も体もボロボロになってしまった
アナタへの処方箋

ろうそくの明かりを
見つめてみる

第5章

逆転のチャンスをつかみとる

ゆっくり時間がとれる夜に、電気を消して、ろうそくをつけてみましょう。ゆらゆら揺れる炎を見つめていると、ついつい時間を忘れてしまうかもしれません。見ているだけでなんだか癒やされるという人も多いはず。

実際、炎の色やそこから出ている周波数には、心を穏やかにしたり、前向きな気持ちにしたりする、癒やしの効果があると言われています。そして、お気に入りの香りのものなら、さらに効果がアップするでしょう。

忙しくて疲れてしまった時など、手軽に試せますので、ぜひ取り入れてみてください。

54/60

「仕事がつらい」と思ったら、辞める前に取るべき行動

仕事のいい面を探してみる

第５章

逆転のチャンスをつかみとる

仕事をするのがつらい、「なぜこんなことをやっているんだろう」と疑問がわく、「もっと自分に合った仕事が他にあるんじゃないか」などと感じる、ということがあるかもしれません。でも、「つらい」「自分に合わない」と考え続けていると、ますますつらい現実を引き寄せるだけ。

そんな時、スパッと転職するのもひとつの手ですが、いろいろな事情で転職にまで踏み切れない時は、考え方を変えてみましょう。無理に仕事を好きになる必要はありません。でも、ひとつだけでいいので、仕事のいい面を見つけてみてください。

あなたがひとつでもいい面を見つけたら、その思考に引き寄せの法則が働き始め、どんどんいい面が見つかるようになります。

55/60

「なんとなく気になる」は
大事なサイン

後回しをやめてみる

第5章

♥♥♥

逆転のチャンスをつかみとる

気になること、やってみたいことがあるけれど、忙しさや面倒くささが先立って、「後回し」というようなことはありませんか?

気になること、興味があることは、本当のあなたからの「ここに大事なことがありますよ」というサイン。そのサインに従って、やりたいことをやり、行きたいところに行く、ということを繰り返していると、必要な出会いがあったり、本当に自分がこの人生でやりたかったことにたどり着けるようになっています。

だから、小さな「気になること」を後回しにするのをやめて、できることから動いてみましょう。

56/60

ごちゃごちゃした頭の中が
スッキリする方法

ひとつのことに没頭してみる

普段忙しくしていると、考え事で頭の中がいっぱいになってしまうことがあるでしょう。そこで、歩く、スポーツをする、絵や漫画を描く、日記を書く、手芸、園芸、読書、はたまた携帯のゲーム、どんなことでもいいのですが、何かに没頭する時間というのを持つようにしてみてください。余計なことを考えない時間を作るというのが大事です。

なぜなら、頭の中がごちゃごちゃしていると、現実もそうなってしまうから。

無心になって没頭していると、本来の自分につながりやすくなり、大切なことに気づけるかもしれません。

57/60

つまらない毎日にうんざり
今すぐできる解消法

いつもの通勤路を変えてみる

通い慣れた通勤路。何年も、毎朝同じ経路で通っているかもしれません。そして、通勤途中に面白いことなんて普通はありませんよね。

そこで、１日だけでもいいので、今までと違った方法で職場へ行ってみましょう。電車の路線を変えるのが難しい場合は、駅から目的地までの歩くルートを変えてみてください。出会う人、出会う店、出会う景色。新しい道を通れば、新しい発見があるはず。また逆に、今まで通っていた道のいいところを発見するかもしれません。

毎日の生活の中に、面白さを見出すのはあなた。通勤でさえも楽しむことができます。誰かがあなたの毎日を楽しくしてくれるのではありません。あなたが面白がっていたら、楽しんでいたら、毎日がもっともっと楽しくなっていきます。

58/60

足りないモノを数えている人が
幸せになれないワケ

あるものを数えてみる

第5章

♥♥♥

逆転のチャンスをつかみとる

あなたがこれまで努力したこと、経験したこと、行ったところ、興味を持ったこと、関わった人たち、持っているものなどを、改めて振り返ってみましょう。

もし、それらがなくなったとしたら、どんな気持ちになるでしょうか？

改めて考えてみると、本当にたくさんの有形無形のものを、あなたは持っているということに気づくでしょう。あなたが今あるものに意識を向け、そこに幸せや喜び、豊かさを感じられるようになると、幸せも喜びも豊かさも、ますます引き寄せられてきます。

59/60

「忙しい」アピールで
もっと忙しくなってしまうワケ

無心に仕事をする

第5章

逆転のチャンスをつかみとる

いつもどんなふうに仕事をしていますか？　楽しくて時間を忘れてしまうような仕事も、ちょっといやだな、苦手だな、つらいなというような仕事もあるかもしれません。

大変だな、苦手だな、という仕事があったとしても、自分の頭の中を大変だ、苦手だ、つらい、ということでいっぱいにしてしまうと、ますます大変になってしまうだけ。「忙しい、忙しい」と思っていると、どんどん別の仕事を引き寄せてしまってさらに忙しくなったという経験はありませんか？

そこで、もし大変な時は、その思いから一歩離れるような感じで、無心になって淡々と仕事をしてみましょう。また、その仕事が終わった後のことに意識を飛ばしてみましょう。

つらい仕事を楽しくするのは大変ですが、何も感じていないという状態や別のことに意識を持っていくことはできるはずです。

60/60

願いを叶えている人が
無意識のうちにやっている思考法

余計なことを考えるのを
やめてみる

第5章

♥♥♥

逆転のチャンスをつかみとる

行きたいところがあっても「お金と時間がない」、欲しい服があっても「私には似合わないかも」、やりたいことがあっても「私には無理だろう」……。そう考えてしまう人は多いかもしれません。

そんな時は、「今は無理でも、先のことはわからない」と考えてみてください。やりたいこと、行きたいところ、欲しいものを自分から諦めないで。あなたが心から本当に望むこと、あなたが魂から望んでいることであれば、必ずそれは叶います。

おわりに

ここまでお読みいただきありがとうございました。

この本でご紹介した60項目のことは、全部、私自身が自分の生活を心地良いものにするために、今までにやってきたことや、今も継続してやっていることばかりです。

私自身、これらを毎日の生活に取り入れていったことにより、目に映る世界は激変していきました。

不満だらけ、足りないものだらけの毎日だったのが、楽しいこと、幸せなこと、やりがいのあることでいっぱいの毎日に変化したのです。

小さい頃から、自分の考えていることと、現実に起こることには関係がある、というのは薄々感じていましたが、意識的に取り組んでいくことにより、自分を変えたら世界は変わる、目に映る世界は自分の内面の反映である、というのは本当のことだと、改めて体感したのです。

もし、この60項目のうち、全部ではなくとも、あなたの生活に取り入れられそうなものを継続して取り入れていったら、あなたの目に映る現実もそれを反映していきます。

また、ここに書いてあること以外にも、自分が幸せだな、心地いいな、と感じることのできるものがあれば、どんな小さなことでもいいので取り入れていきましょう。

難しいことは何もありません。

あとは、やるか、やらないか。

あなたの人生を幸せにできるのはあなただけであり、他の誰もあなたの人生を変えてはくれません。

おわりに

引き寄せができる人とできない人の違いは、楽しいな、幸せだな、ありがたいことがたくさんあるな、大変なこともあるけど、どんなことも自分を成長させてくれるな、と思いながら毎日を過ごしているか、現実は不満だらけだから現実を変えて幸せになろう、願いを叶えて幸せになろう、あの人を変えて幸せになろうとしているか、の違いだけです。

私には才能がないからとか、私はダメだからと考える人もいますが、世の中には、才能のある人とそうでない人がいるのではなく、誰でも、その人がその人の人生を自分らしく生きていけるためのものはすべて持って生まれてきているのです。ただ、考え方の違い、意識の持ち方の違いで、経験することが変わってきます。

そして、その考え方や意識を自分自身で選んでいくには、ある程度の練習や努力が必要になってきますので、じっくり、取り組んでみてください。

これまでは、いいことがあったら喜び、悪いことがあったら苦しみ、ただ、周囲の人や起こる出来事に反応して、翻弄されて生きてきたかもしれません。でも、どんなことが起こっても、それをどのように捉えるかは、全部自分の選択です。
あなたはあなたの人生を幸せにする力を持っています。

本書の刊行にあたりまして、大手小町で連載の機会をくださった読売新聞東京本社の山口千尋様、単行本化に力を貸してくださった中央公論新社の齊藤智子様、また、いつもブログや著書を読んでくださっている読者の皆様に感謝申し上げます。

二〇二一年一月

奥平　亜美衣

本書は、ＷＥＢサイト「ＯＴＥＫＯＭＡＣＨＩ」に連載された
「奥平亜美衣の逆転の引き寄せ」を加筆・修正し収録したものです。

奥平《おくだいら》 亜美衣《あみい》

1977年兵庫県生まれ。お茶の水女子大学卒。

幼少の頃より、自分の考えていることと現実には関係があると感じていたが、2012年『サラとソロモン』『引き寄せの法則　エイブラハムとの対話』との出会いにより、はっきりと世界と自分の関係を思い出す。

2014年より作家。引き寄せの法則に関する著書多数。累計部数83万部。

2020年4月、コロナ騒動で自宅に引きこもっている間に、宇宙すべてが自分なのだ、という目覚めがあり、無であり無限である「わたし」を思い出す。

現在、真理を探究するスピリチュアル作家として活動中。

Official Blog　https://lineblog.me/amyokudaira/
note https://note.com/amyokudaira

イラスト　酒井真織
装　幀　雪垣絵美（H.D.O.）

幸《しあわ》せになる60の法則《ほうそく》　逆転《ぎゃくてん》の引《ひ》き寄《よ》せ

2021年1月10日　初版発行

著　者　奥平《おくだいら》 亜美衣《あみい》
発行者　松田陽三
発行所　中央公論新社
〒100-8152　東京都千代田区大手町1-7-1
電話（販売）03-5299-1730　（編集）03-5299-1740
URL　http://www.chuko.co.jp/

D T P　今井明子
印　刷　図書印刷
製　本　小泉製本

Published by CHUOKORON-SHINSHA, INC.
Printed in Japan ISBN978-4-12-005375-7 C0076